I am Thankful

Я вдячна

Shelley Admont
Illustrated by Mohamed Elngar

www.kidkiddos.com

support@kidkiddos.com

First edition

Translated from English by Yelyzaveta Barsa
Переклад з англійської Єлизавети Барси

Library and Archives Canada Cataloguing in Publication
I am Thankful (English Ukrainian Bilingual Edition) / Shelley Admont
ISBN: 978-1-5259-7650-6 paperback
ISBN: 978-1-5259-7651-3 hardcover
ISBN: 978-1-5259-7649-0 eBook

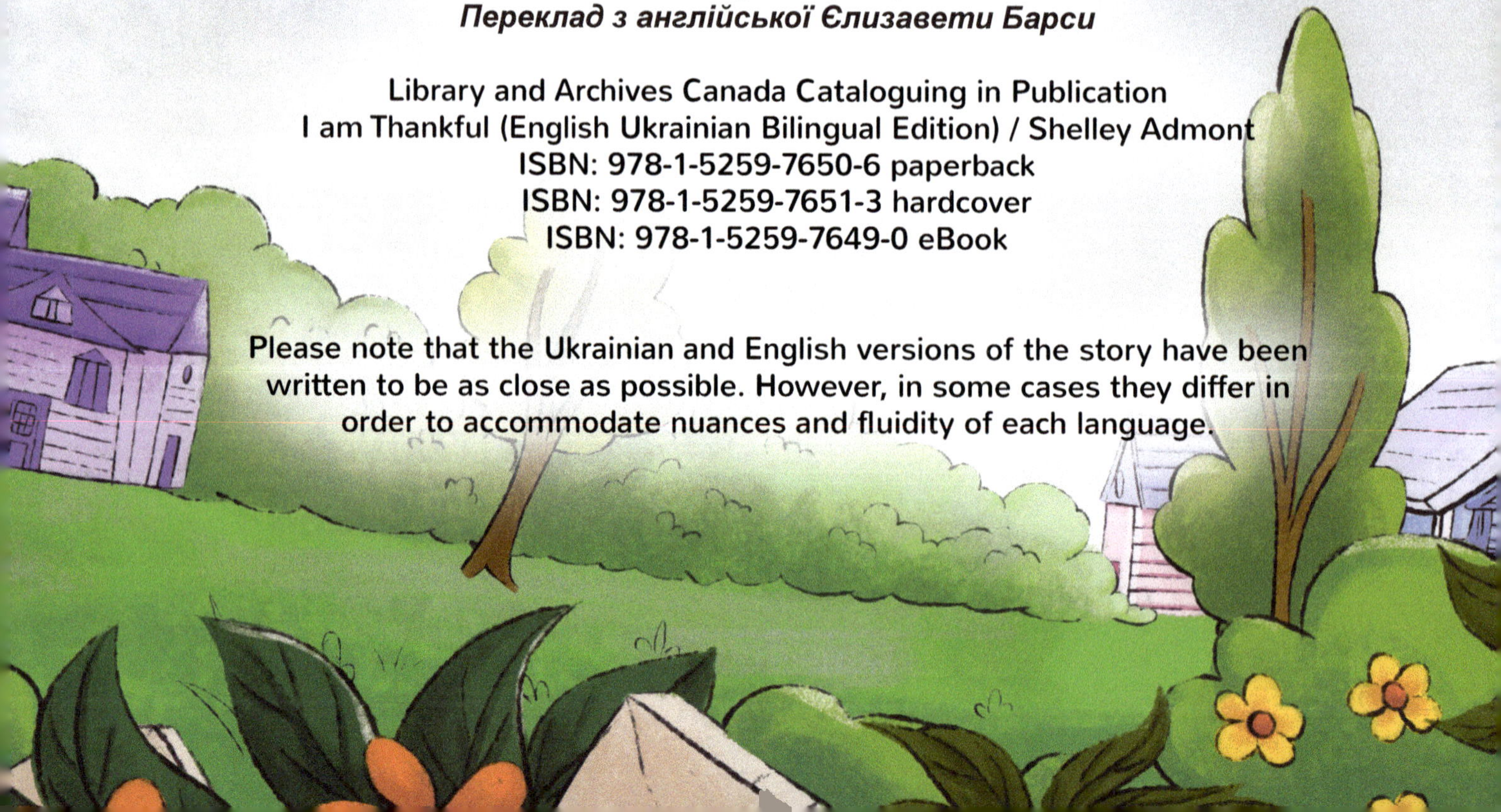

Please note that the Ukrainian and English versions of the story have been written to be as close as possible. However, in some cases they differ in order to accommodate nuances and fluidity of each language.

I wake up to the sun shining brightly through my window.

Я прокидаюся від сонця, що яскраво світить крізь моє вікно.

My favorite teddy bear lies next to me.

Мій улюблений плюшевий ведмедик лежить поруч зі мною.

I am thankful for my teddy bear and for how soft and cuddly it is!

Я вдячна за мого плюшевого ведмедика і за те, який він м'який і приємний!

I stretch and yawn, then slowly get out of my bed.

Я потягуюсь і позіхаю, потім повільно встаю зі свого ліжка.

I smell something delicious coming from the kitchen. It smells like pancakes!

Я відчуваю запах чогось смачненького з кухні. Пахне млинцями!

My mom makes the best breakfast in the world! I am thankful for her cooking...

Моя мама готує найкращий сніданок у світі! Я вдячна за те, що вона готує...

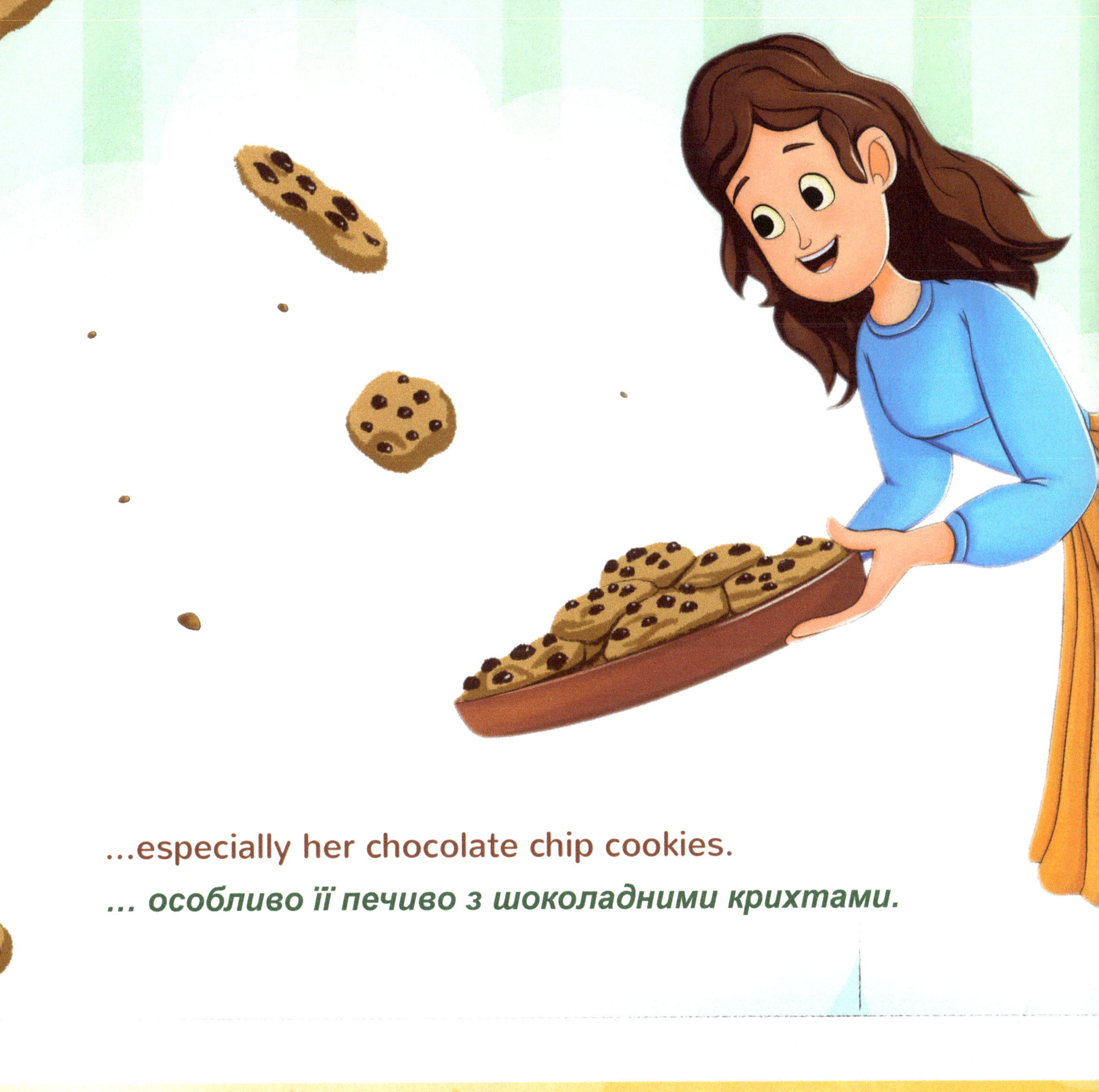

...especially her chocolate chip cookies.

... особливо її печиво з шоколадними крихтами.

I run to the kitchen and I see that my little sister is already eating breakfast.

Я біжу на кухню і бачу, що моя маленька сестричка вже їсть сніданок.

She smiles and gives me the biggest hug. It makes me happy. I am very thankful for my sister...

Вона посміхається і міцно мене обіймає. Це робить мене щасливою. Я вдячна за свою сестричку...

...even though she can be a little annoying sometimes!

...хоч іноді вона може бути трохи надокучливою!

Today I am going to my best friend Anna's birthday party.

Сьогодні я йду на день народження до моєї найкращої подруги Анни.

All my friends from school are going to be there. It will be lots of fun.

Усі мої друзі зі школи будуть там. Буде дуже весело.

What should I wear? A dress or pants?

Що мені одягнути? Сукню чи штани?

I'm thankful for all the beautiful clothes I have... although choosing just one outfit can be hard!

Я вдячна за весь гарний одяг, що маю... хоча вибрати лише одне вбрання може бути складно!

When I get to the party, Anna runs over. “What a lovely dress!” she says, and hugs me.

Коли я приходжу на вечірку, до мене підбігає Анна.
— Яка гарна сукня! — каже вона і обіймає мене.

I am thankful to have her as my best friend.

Я вдячна, що вона моя найкраща подруга.

Anna's mom brings out her cake, and it's huge! It must have taken such a long time to make.

Мама Анни виносить її торт, і він величезний! Напевно, на його приготування пішло дуже багато часу.

I am thankful for the pretty cake, fun games...

Я вдячна за гарний торт, веселі ігри...

... and my friends.

... і за моїх друзів!

When I get home my mom prepares a bath for me with lots of bubbles.

Коли я приходжу додому, мама готує мені ванну з великою кількістю бульбашок.

I play with the bubbles and put them on my chin to make a beard. This makes my mom laugh.

Я граюся з бульбашками і кладу їх на підборіддя, щоб зробити бороду. Це смішить мою маму.

I am thankful for bubbles because they make bath time so much fun...

Я вдячна за бульбашки, бо вони роблять час купання таким веселим...

Shom

...but I am even more thankful for my mom's cuddles.

...але я ще більше вдячна за мамині обійми.

I start feeling sleepy and get into bed.

Мені хочеться спати, і я лягаю в ліжко.

My bed is cozy and my pillow is soft. My parents kiss me goodnight as I close my eyes.

Моє ліжко затишне, а моя подушка м'яка. Мої батьки цілують мене на ніч, коли я заплющую очі.

I am thankful for my family.

Я вдячна за свою сім'ю.

And most of all, I am thankful for my favorite teddy bear.

А найбільше я вдячна за свого улюбленого плюшевого ведмедика.

www.ingramcontent.com/pod-product-compliance
Lightning Source LLC
LaVergne TN
LVHW070301250826
846485LV00011B/65

* 9 7 8 1 5 2 5 9 7 6 5 1 3 *